AF189356

Impressum
Verlag: BABADADA GmbH, Nedderfeld 112 , 22529 Hamburg
Geschäftsführer / Verlagsleitung: Harald Hof
Druck: Books on Demand GmbH, In de Tarpen 42, 22848 Norderstedt

Imprint
Publisher: BABADADA GmbH, Nedderfeld 112 , 22529 Hamburg, Germany
Managing Director / Publishing direction: Harald Hof
Print: Books on Demand GmbH, In de Tarpen 42, 22848 Norderstedt, Germany

escuela

škola

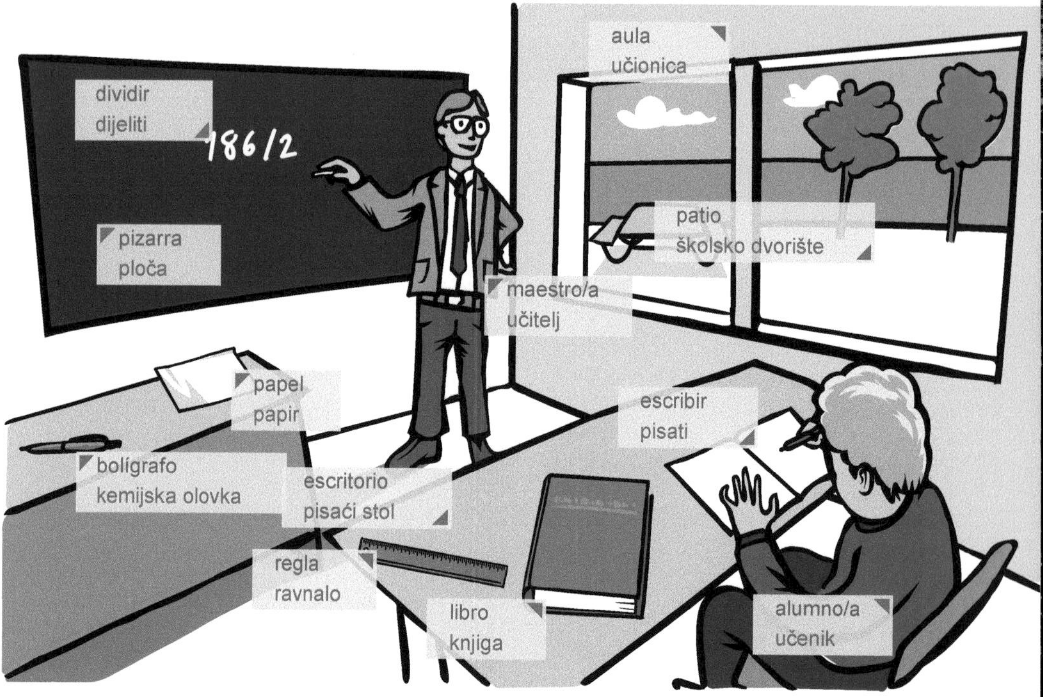

aula
učionica
dividir
dijeliti
186/2
pizarra
ploča
patio
školsko dvorište
maestro/a
učitelj
papel
papir
escribir
pisati
bolígrafo
kemijska olovka
escritorio
pisaći stol
regla
ravnalo
libro
knjiga
alumno/a
učenik

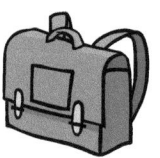

cartera

torba

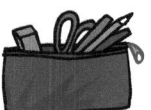

caja de lápices

pernica

lápiz

grafitna olovka

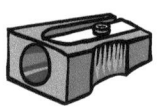

sacapuntas

šiljilo za olovke

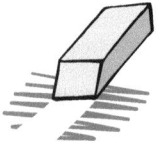

goma de borrar

gumica za brisanje

cuaderno de dibujo

blok za crtanje

dibujo

crtež

pincel

kist

caja de pinturas

kutija s bojama

tijeras

makaze

pegamento

ljepilo

cuaderno de ejercicios

bilježnica

deberes

domaći zadatak

número

broj

sumar

sabirati

restar

oduzimati

multiplicar

množiti

calcular

računati

letra

slovo

alfabeto

abeceda

palabra

riječ

texto

tekst

leer

čitati

tiza

kreda

lección

sat

cuaderno de notas

dnevnik

examen

ispit

certificado

svjedodžba

uniforme escolar

školska uniforma

educación

obrazovanje

enciclopedia

leksikon

universidad

sveučilište

microscopio

mikroskop

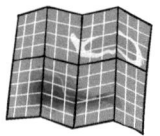

mapa

karta

papelera

košara za papir

hotel
hotel

albergue
prenoćište

ROOMS

oficina de cambio de divisas
mjenjačnica

EXCHANGE

maleta
kofer

coche
auto

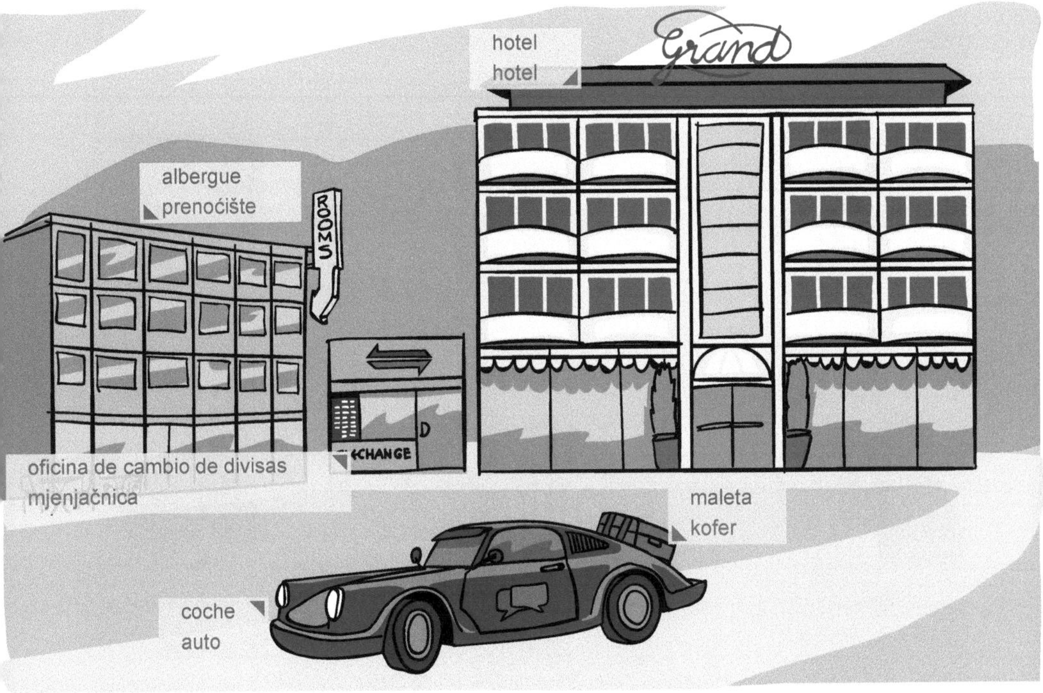

idioma

jezik

sí / no

da / ne

Vale

okay

hola

zdravo

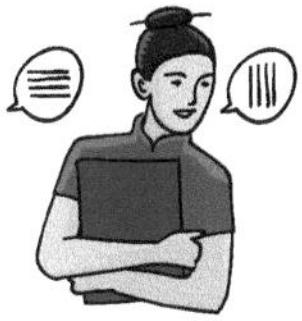

traductor

prevoditelj

Gracias

hvala

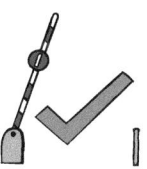

¿cuánto es…?

Koliko košta…?

No entiendo

ne razumijem

problema

problem

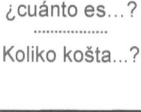

¡Buenas tardes!

dobro veče!

¡Buenos días!

Dobro jutro!

¡Buenas noches!

Laku noć!

adiós

doviđenja

dirección

smjer

equipaje

prtljaga

bolsa

torba

mochila

ruksak

invitado

gost

habitación

soba

saco de dormir

vreća za spavanje

tienda de campaña

šator

información turística

turističke informacije

playa

plaža

tarjeta de crédito

kreditna kartica

desayuno

doručak

almuerzo

ručak

cena

večera

billete

karta za vožnju

ascensor

dizalo

sello

poštanska markica

frontera

granica

aduana

carina

embajada

ambasada

visa

viza

pasaporte

putovnica

transporte
transport

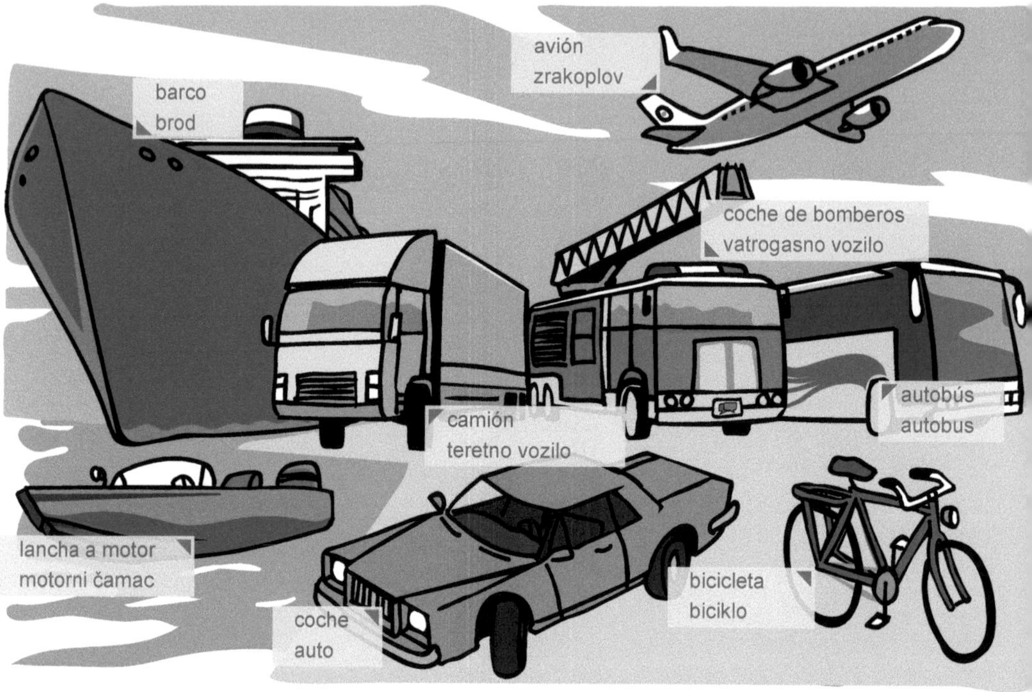

avión
zrakoplov

barco
brod

coche de bomberos
vatrogasno vozilo

autobús
autobus

camión
teretno vozilo

lancha a motor
motorni čamac

bicicleta
biciklo

coche
auto

transbordador

trajekt

barca

čamac

moto

motocikl

coche de policía

policijski auto

coche de carreras

trkaći auto

coche de alquiler

iznajmljeno auto

préstamo de vehículos

dijeljenje automobila

grúa

vučno vozilo

camión de la basura

vozilo za odvoz smeća

motor

motor

gasolina

benzin

gasolinera

benzinska postaja

señal de tráfico

prometni znak

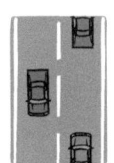

tráfico

promet

atasco

zastoj

aparcamiento

parkiralište

estación de tren

kolodvor

vías

šine

tren

vlak

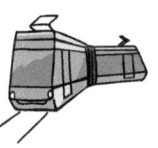

tranvía

tramvaj

vagón

vagon

helicóptero

helikopter

aeropuerto

zrakoplovna luka

torre

toranj

pasajero

putnik

contenedor

kontejner

caja de cartón

karton

carretilla

kolica

cesta

košara

despegar / aterrizar

uzletjeti / sletjeti

ciudad

grad

pueblo

selo

centro de ciudad

centar grada

casa

kuća

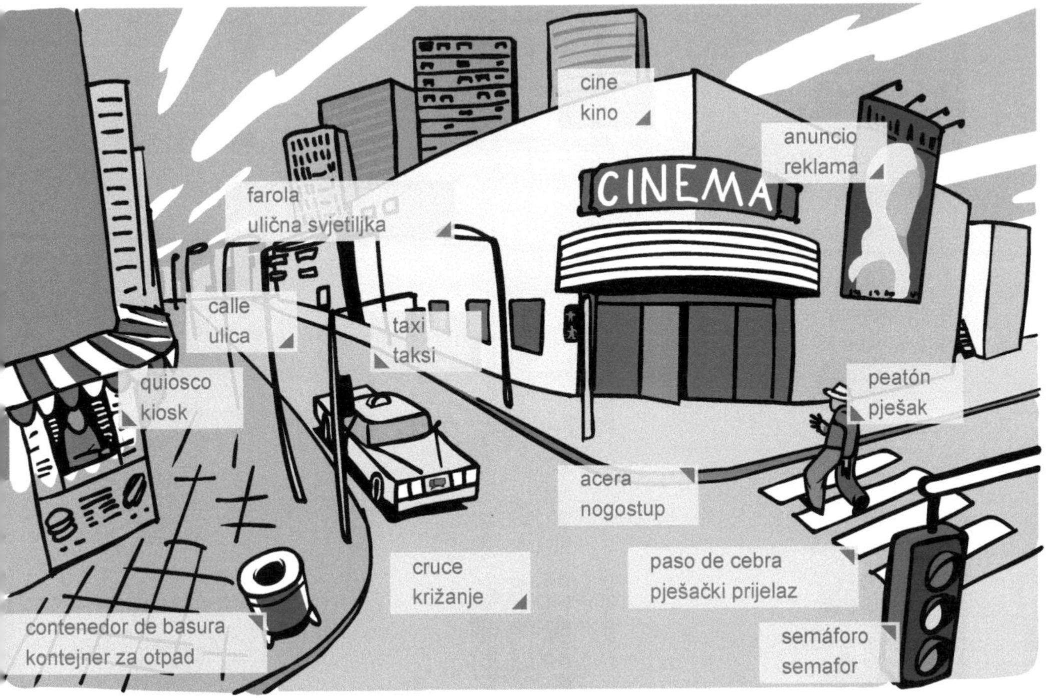

cine
kino

anuncio
reklama

farola
ulična svjetiljka

CINEMA

calle
ulica

taxi
taksi

quiosco
kiosk

peatón
pješak

acera
nogostup

cruce
križanje

paso de cebra
pješački prijelaz

contenedor de basura
kontejner za otpad

semáforo
semafor

cabaña
koliba

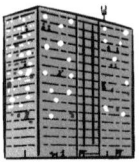

apartamento
stan

estación de tren
kolodvor

ayuntamiento
vijećnica

museo
muzej

escuela
škola

universidad

sveučilište

banco

banka

hospital

bolnica

hotel

hotel

farmacia

ljekarna

oficina

ured

librería

knjižara

tienda

prodavaonica

floristería

cvjećara

supermercado

supermarket

mercado

trg

grandes almacenes

robna kuća

pescadería

ribarnica

centro comercial

trgovački centar

puerto

luka

parque

park

banco

klupa

puente

most

escaleras

stepenice

metro

podzemna željeznica

túnel

tunel

parada de autobús

autobusna stanica

bar

bar

restaurante

restoran

buzón

poštansko sanduče

poste indicador

ulični znak

parquímetro

parkirni sat

zoo

zoološki vrt

piscina

bazen

mezquita

džamija

granja
seosko gazdinstvo

contaminación
zagađenje okoliša

cementerio
groblje

iglesia
crkva

patio de juego
igralište

templo
hram

paisaje
krajolik

hoja
list

seňal
putokaz

camino
put

prado
livada

piedra
kamen

árbol
drvo

excursionista
šetač

río
rijeka

hierba
trava

flor
cvijet

valle
dolina

colina
planina

lago
jezero

bosque
šuma

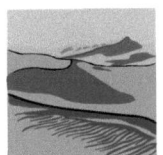

desierto
pustinja

volcán
vulkan

castillo
dvorac

arcoíris
duga

champiñón
gljiva

palmera
palma

mosquito
moskito

mosca
muha

hormiga
mrav

abeja
pčela

araña
pauk

escarabajo

buba

rana

žaba

ardilla

vjeverica

erizo

jež

liebre

zec

lechuza

sova

pájaro

ptica

cisne

labud

jabalí

divlja svinja

ciervo

jelen

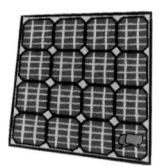

alce

los

presa

nasip

turbina eólica

vjetrenjača

panel solar

solarna ploča

clima

klima

camarero
konobar

menú
jelovnik

silla
stolica

sopa
supa

pizza
pica

cubertería
pribor za jelo

mantel
stolnjak

primer plato
predjelo

plato principal
glavno jelo

postre
desert

bebidas
napitci

comida
jelo

botella
boca

comida rápida

fastfood

comida callejera

imbis hrana

tetera

čajnik

azucarero

doza za šećer

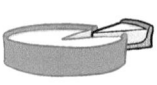

porción

porcija

cafetera expreso

aparat za espresso

trona

visoka stolica

cuenta

račun

bandeja

pladanj

cuchillo

nož

tenedor

vilica

cuchara

žlica

cucharilla

čajna žlica

servilleta

ubrus

vaso

čaša

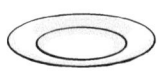

plato
....
tanjur

plato hondo
....
tanjur za supu

platillo
....
tanjurić

salsa
....
sos

salero
....
soljenka

molinillo de pimienta
....
mlin za biber

vinagre
....
ocat

aceite
....
ulje

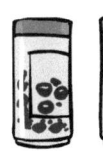

especias
....
začini

ketchup
....
kečap

mostaza
....
senf

mayonesa
....
majoneza

supermercado
supermarket

oferta especial
ponuda
FOR
cliente
kupac
lácteos
mliječni proizvodi
fruta
voće
carro de la compra
kolica za kupnju

BUTCHERS

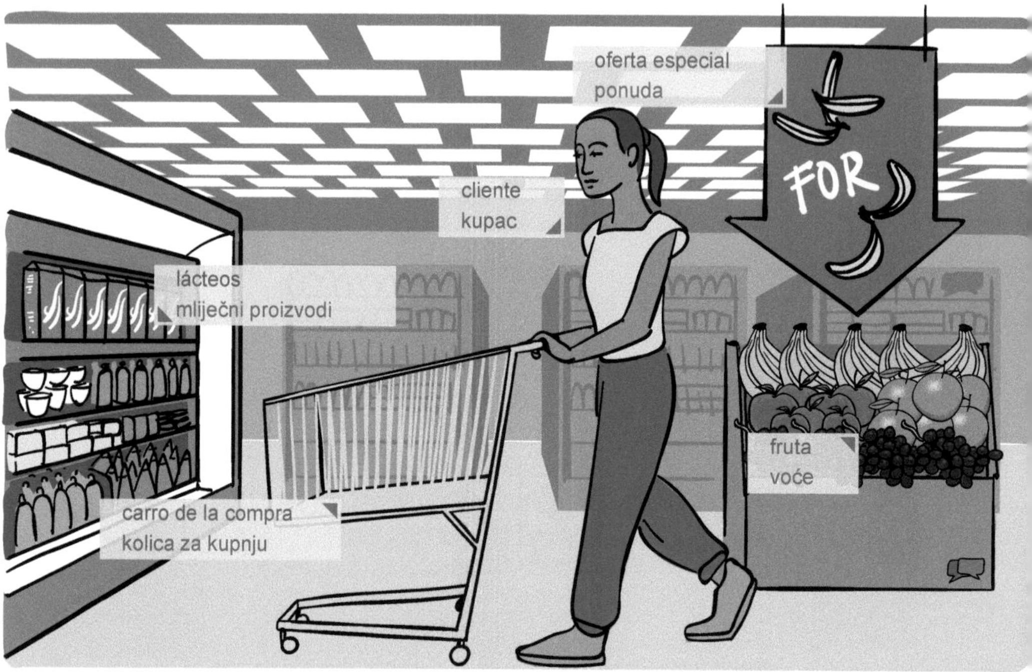

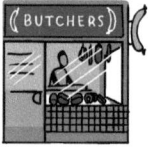

carnicería

mesnica

BAKERY

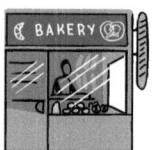

panadería

pekarnica

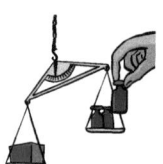

pesar

vagati

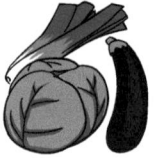

verduras

povrće

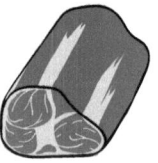

carne

meso

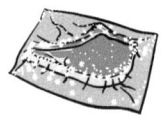

alimentos congelados

duboko smrznuta hrana

fiambres

narezak

conservas

konzerve

detergente en polvo

sredstvo za pranje

dulces

slatkiši

productos de uso doméstico

artikli za domaćinstvo

productos de limpieza

sredstva za čišćenje

vendedora

prodavačica

caja

blagajna

cajero

blagajnik

lista de la compra

lista za kupnju

horario de atención al público

vrijeme rada

cartera

novčanik

tarjeta de crédito

kreditna kartica

bolsa

torba

bolsa de plástico

plastična vrećica

agua

voda

zumo

sok

leche

mlijeko

cola

cola

vino

vino

cerveza

pivo

alcohol

alkohol

cacao

kakao

té

čaj

café

kava

expreso

espresso

capuchino

cappuccino

plátano

banana

manzana

jabuka

naranja

naranča

melón

lubenica

limón

limun

zanahoria

mrkva

ajo

češnjak

bambú

bambus

cebolla

luk

champiñón

gljiva

avellanas

orašasti plodovi

fideos

rezanci

espagueti

špagete

arroz

riža

ensalada

salata

patatas fritas

pomfrit

patatas fritas

pečeni krumpir

pizza

pica

hamburguesa

hamburger

sándwich

sendvič

filete

šnicla

jamón

pršut

salami

salama

salchicha

kobasica

pollo

kokoš

asado

pečenje

pescado

riba

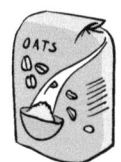

copos de avena

zobene pahuljice

muesli

musli

copos de maíz

kukuruzne pahuljice

harina

brašno

cruasán

roščić

panecillo

pecivo

pan

kruh

tostada

toast

galletas

keksi

mantequilla

maslac

cuajada

svježi sir

pastel

kolač

huevo

jaje

huevo frito

jaje na oko

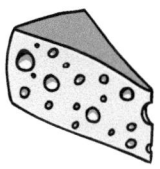

queso

sir

comida - jelo

helado
sladoled

azúcar
šećer

miel
med

mermelada
marmelada

crema de turrón
nugat krema

curry
curry

granja
seosko gazdinstvo

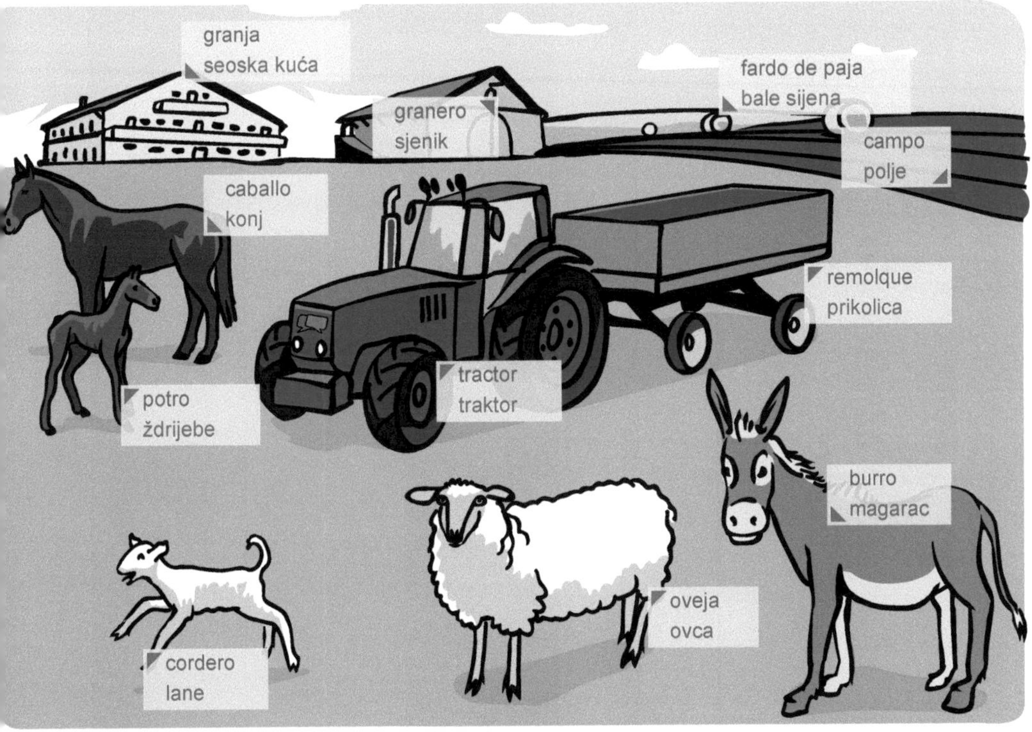
granja
seoska kuća
granero
sjenik
fardo de paja
bale sijena
campo
polje
caballo
konj
remolque
prikolica
tractor
traktor
potro
ždrijebe
burro
magarac
oveja
ovca
cordero
lane

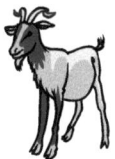

cabra
koza

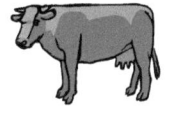

vaca
krava

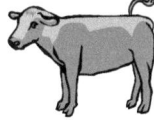

ternero
tele

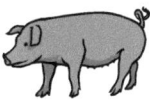

cerdo
svinja

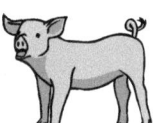

cerdito
prase

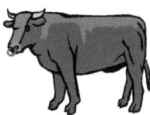

toro
bik

ganso

guska

pato

patka

pollo

pilići

gallina

kokoš

gallo

pijetao

rata

pacov

gato

mačka

ratón

miš

buey

vol

perro

pas

perrera

kućica za psa

manguera

vrtno crijevo

regadera

kanta za polijevanje

guadaña

kosa

arado

plug

hoz

srp

azada

motika

horca

vilica za gnojivo

hacha

sjekira

carretilla

tačke

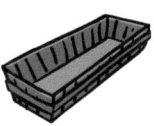

abrevadero

korito

lechera

posuda za mlijeko

saco

vreća

valla

ograda

establo

štala

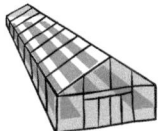

invernadero

staklenik

suelo

zemlja

semilla

sjeme

fertilizador

gnojivo

cosechadora

kombajn

granja - seosko gazdinstvo

cosechar

žanjati

cosecha

žetva

ñame

yams začin

trigo

pšenica

soja

soja

patata

krumpir

maíz

kukuruz

semilla de colza

uljana repica

árbol frutal

voćka

mandioca

gomolj manioke

cereales

žitarice

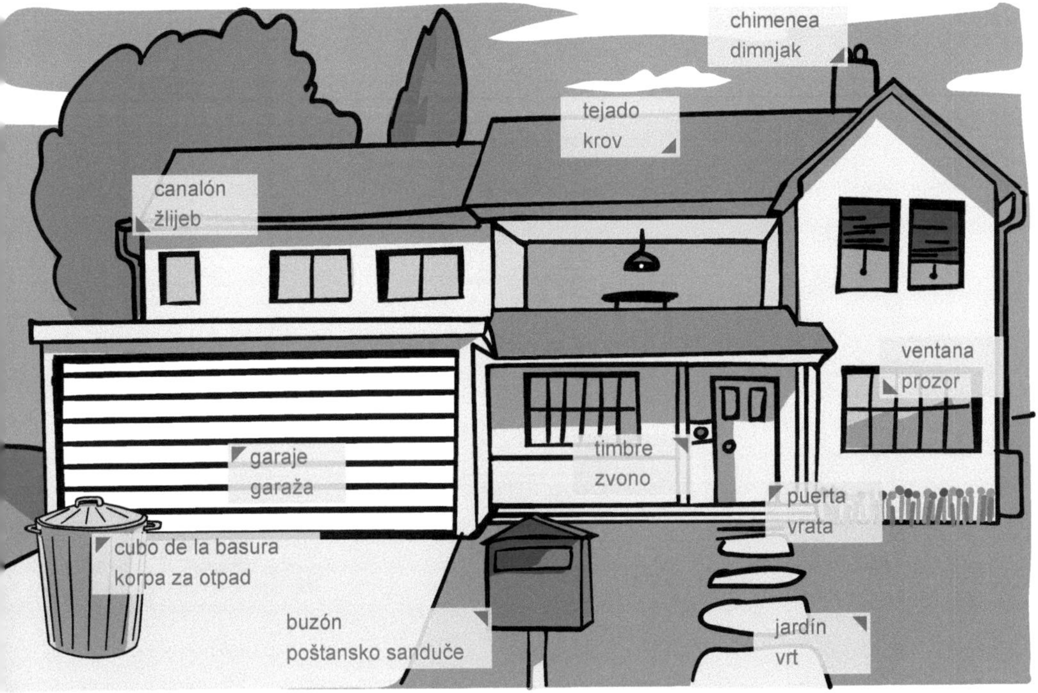

chimenea
dimnjak

tejado
krov

canalón
žlijeb

ventana
prozor

garaje
garaža

timbre
zvono

puerta
vrata

cubo de la basura
korpa za otpad

buzón
poštansko sanduče

jardín
vrt

sala

dnevna soba

cuarto de baño

kupaonica

cocina

kuhinja

dormitorio

spavaća soba

habitación de los niños

dječija soba

comedor

trpezarija

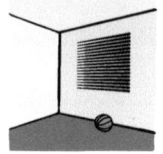

suelo

pod

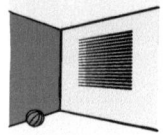

pared

zid

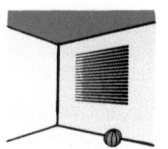

techo

strop

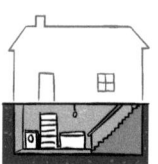

sótano

podrum

sauna

sauna

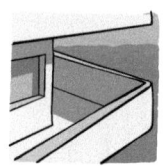

balcón

balkon

terraza

terasa

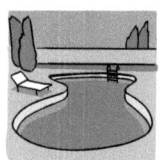

piscina

bazen

cortacésped

kosilica za travu

sábana

posteljina za krevet

colcha

deka za krevet

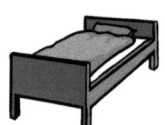

cama

krevet

escoba

metla

balde

kanta

interruptor

sklopka

sala

dnevna soba

papel pintado
tapeta
imagen
slika
lámpara
svjetiljka
estante
regal
armario
ormar
televisión
televizija
chimenea
kamin
flor
cvijet
cojín
jastuk
sofá
kauč
jarrón
vaza
mando a distancia
daljinski upravljač

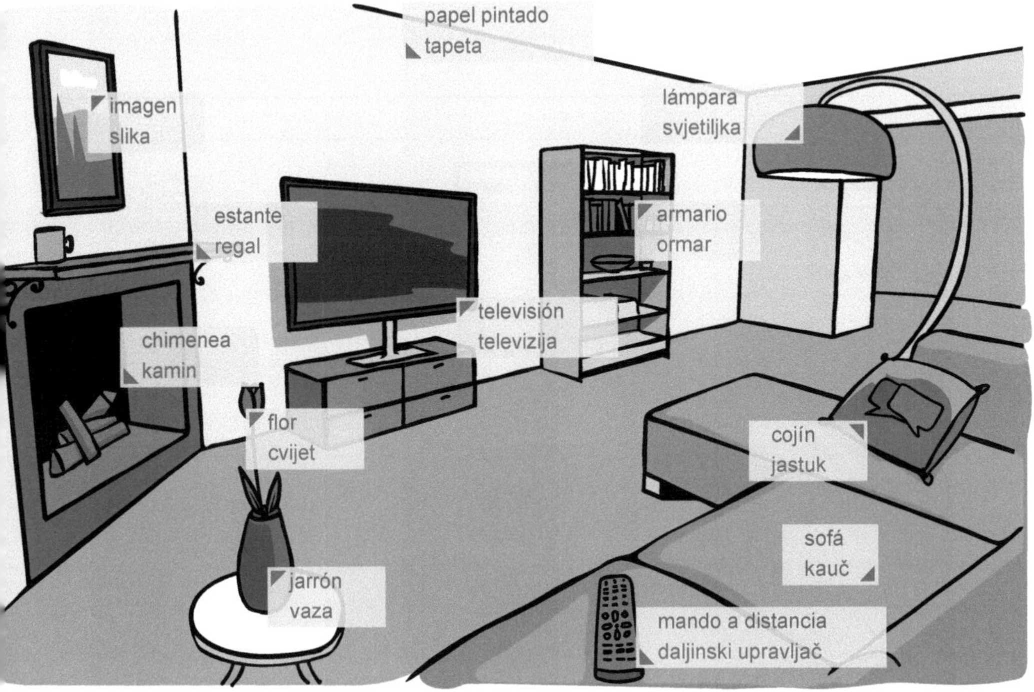

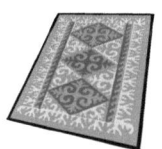

alfombra
....
tepih

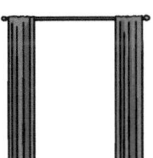

cortina
....
zavjesa

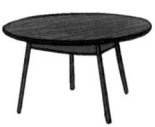

mesa
....
stol

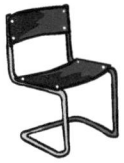

silla
....
stolica

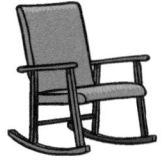

mecedora
....
stolica za njihanje

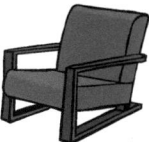

butaca
....
fotelja

libro

knjiga

manta

deka

decoración

dekoracija

leña

drvo za ogrjev

película

film

equipo de música

stereo uređaj

llave

ključ

periódico

novine

pintura

slika na platnu

póster

poster

radio

radio

cuaderno

blok za pisanje

aspiradora

usisavač

cactus

kaktus

vela

svijeća

cocina
kuhinja

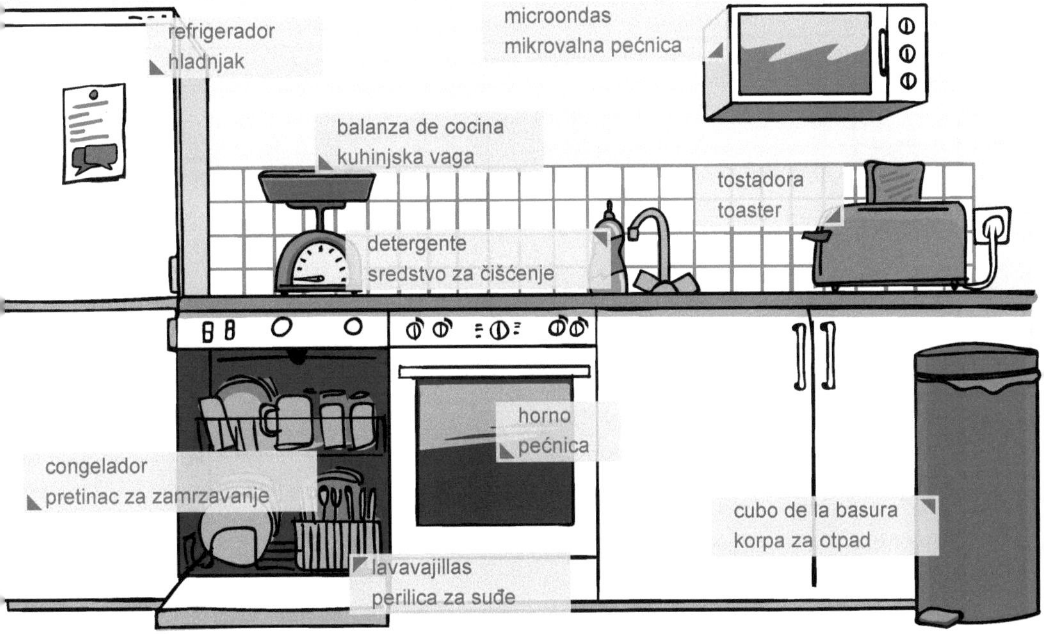
refrigerador
hladnjak
microondas
mikrovalna pećnica
balanza de cocina
kuhinjska vaga
tostadora
toaster
detergente
sredstvo za čišćenje
horno
pećnica
congelador
pretinac za zamrzavanje
cubo de la basura
korpa za otpad
lavavajillas
perilica za suđe

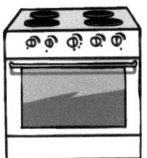

olla a presión

štednjak

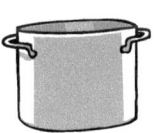

olla

lonac

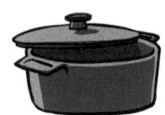

olla de hierro fundido

željezni lonac

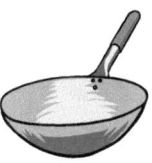

wok / karahi

wok / kadai

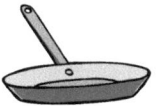

cazuela

tava

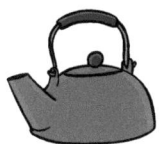

hervidor

kuhalo za vodu

vaporera

kuhalo na paru

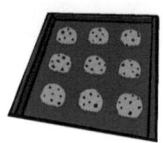

chapa de horno

lim za pečenje

vajilla

posuđe

taza

čaša

tazón

zdjela

palillos

štapići za jelo

cucharón

kutljača

espumadera

lopatica

batidor

pjenjača

colador

sito za kuhanje

cedazo

sito

rallador

ribež

mortero

mužar

barbacoa

roštilj

hoguera

ognjište

tabla de picar
daska

rodillo
oklagija

sacacorchos
vadičep

lata
konzerva

abrelatas
otvarač konzervi

agarrador
krpa za lonac

lavabo
sudoper

cepillo
četka

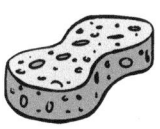

esponja
spužva

batidora
mikser

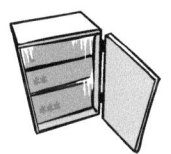

congelador
zamrzivač

biberón
bočica za bebe

grifo
slavina za vodu

cuarto de baño

kupaonica

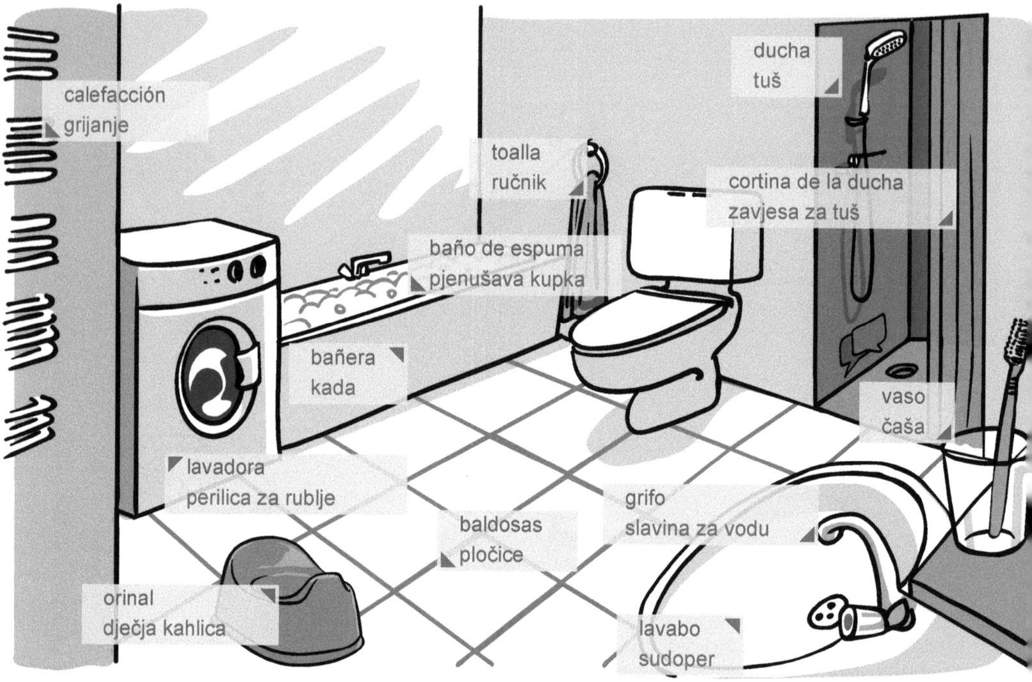
calefacción
grijanje
toalla
ručnik
ducha
tuš
cortina de la ducha
zavjesa za tuš
baño de espuma
pjenušava kupka
bañera
kada
vaso
čaša
lavadora
perilica za rublje
grifo
slavina za vodu
baldosas
pločice
orinal
dječja kahlica
lavabo
sudoper

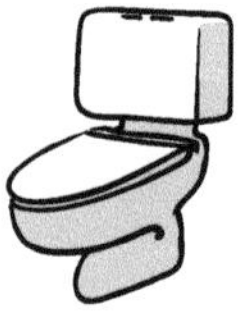
inodoro

toalet

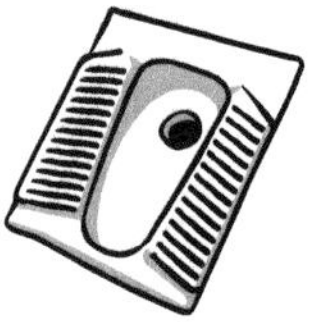
inodoro rústico

čučavac

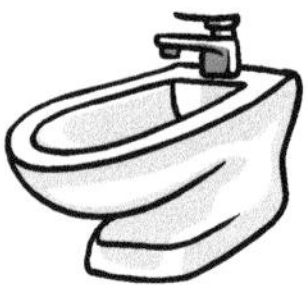
bidé

bidet

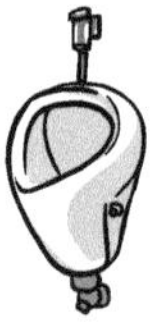
urinario

pisoar

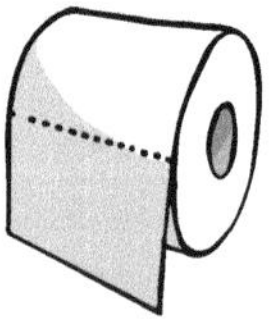
papel higiénico

papir za toalet

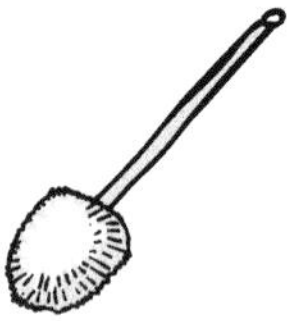
escobilla del váter

četka za toalet

cepillo de dientes

četkica za zube

pasta de dientes

pasta za zube

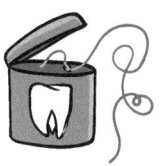

hilo dental

konac za zube

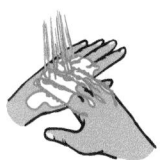

lavar

prati

ducha de mano

tuš ručica

ducha íntima

tuš za pranje intimnih dijelova

pila

lavor

cepillo de espalda

četka za pranje leđa

jabón

sapun

gel de ducha

gel za tuširanje

champú

šampon

toallita

krpa za pranje

desagüe

odvod

crema

krema

desodorante

dezodorans

espejo
ogledalo

espejo de tocador
kozmetičko ogledalo

maquinilla de afeitar
brijač

espuma de afeitar
pjena za brijanje

loción postafeitado
losion za poslije brijanja

peine
češalj

cepillo
četka

secador
sušilo za kosu

laca
sprej za kosu

maquillaje
makeup

pintalabios
ruž za usne

pintauñas
lak za nokte

algodón
vata

cortauñas
škare za nokte

perfume
parfem

estuche de viaje
neseser

banqueta
stolica

balanza
vaga

albornoz
ogrtač

guantes de goma
rukavice za čišćenje

tampón
tampon

compresa
uložak

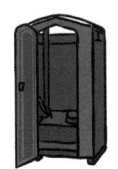

inodoro químico
kemijski toalet

habitación de los niños
dječija soba

despertador
budilnik
peluche
plišana igračka
coche de juguete
auto igračka
sonajero
zvečka
casa de muñecas
kućica za lutke
regalo
poklon

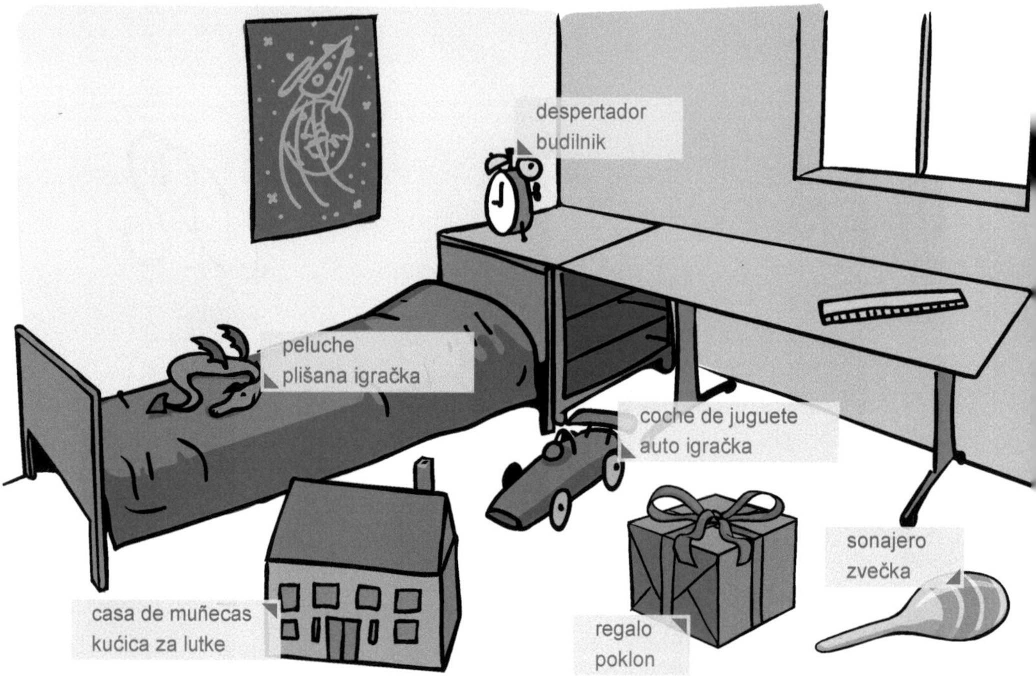

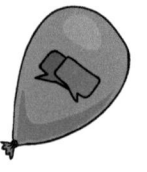

globo

balon

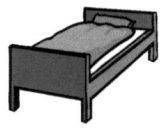

cama

krevet

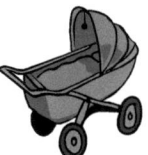

coche de niño

dječija kolica

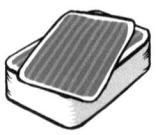

naipes

igra s kartama

puzle

slagalica

SUPER
MEGA

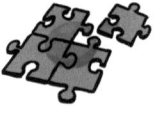

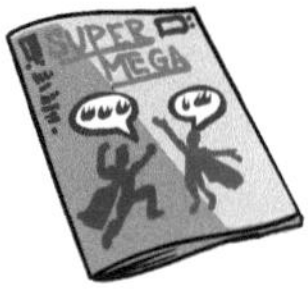

tebeo

strip

piezas de lego

lego kockice

bloques de juguete

kockice za slaganje

figura de acción

akcioni junak

bodi (de bebé)

kombinezon za bebe

frisbee

frizbi

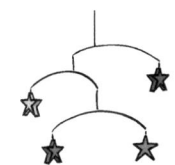

colgador móvil para bebés

viseće igračke

juego de mesa

društvene igre

dados

kocka

circuito de tren eléctrico

minijaturna željeznica

maniquí

duda

fiesta

tulum

álbum de fotos

slikovnica

pelota

lopta

muñeca

lutka

jugar

igrati

cajón de arena

pješčanik

columpio

ljuljačka

juguetes

igračka

videoconsola

konzola za igre

triciclo

tricikl

oso de peluche

plišani medo

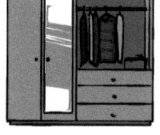

guardarropa

ormar

ropa
odjeća

calcetines

kratke čarape

medias

čarape

leotardos

hulahopke

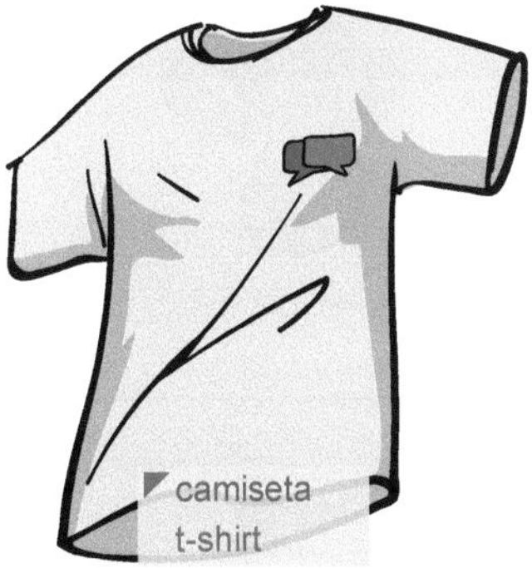

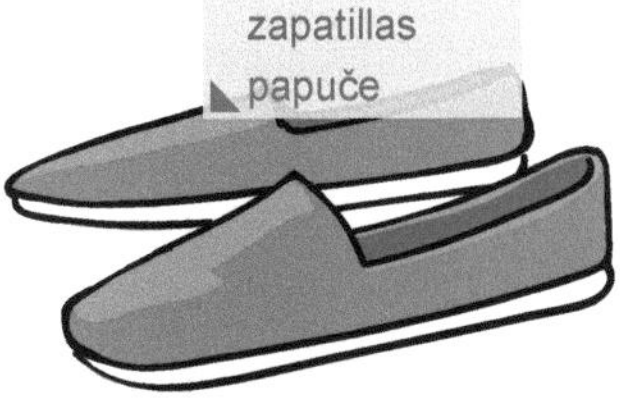

bufanda
šal

cinturón
kaiš

paraguas
kišobran

camiseta
t-shirt

botas
čizme

zapatillas
papuče

deportivas
patike

sandalias
sandale

zapatos
cipele

botas de goma
gumene čizme

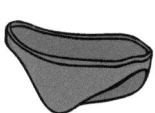

slip
gaćice

sostén
grudnjak

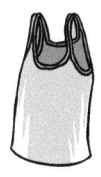

chaleco
potkošulja

bodi
bodi

pantalones
hlače

vaqueros
džins

falda
haljina

blusa
bluza

camisa
košulja

jersey
džemper

suéter
pulover s kapuljačom

blazer
blejzer

chaqueta
jakna

abrigo
kaput

gabardina
kabanica

traje
kostim

vestido
haljina

vestido de novia
vjenčanica

traje

odijelo

camisón

spavaćica

pijama

pidžama

sari

sari

bandana

rubac

turbante

turban

burka

burka

caftán

kaftan

abaya

abaja

traje de baño

kupaći kostim

bañador

kupaće gaćice

pantalones cortos

kratke hlače

chándal

odjeća za trening

delantal

pregača

guantes

rukavice

botón

gumb

gafas

naočale

brazalete

narukvica

collar

ogrlica

anillo

prsten

pendiente

naušnica

gorra

kapa

percha

vješalica

sombrero

šešir

corbata

kravata

cremallera

patent zatvarač

casco

kaciga

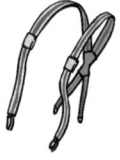

tirantes

naramenice

uniforme escolar

školska uniforma

uniforme

uniforma

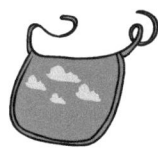

babero

podbradak

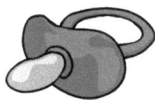

maniquí

duda

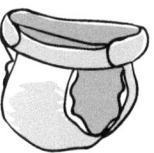

pañal

pelena

oficina

ured

servidor
server
archivo
ormar za spise
impresora
pisač
papel
papir
monitor
monitor
ratón
miš
escritorio
pisaći stol
carpeta
mapa
teclado
tipkovnica
papelera
košara za papir
ordenador
računar
silla
stolica

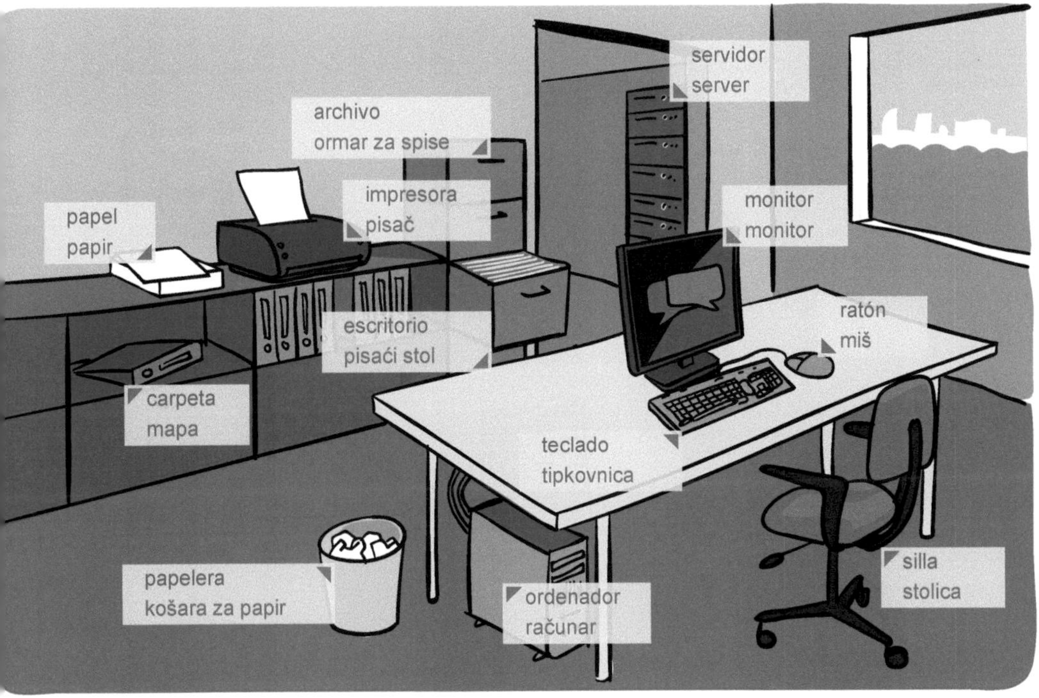

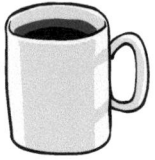

taza de café

šalica za kavu

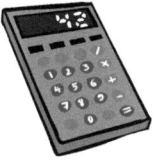

calculadora

kalkulator

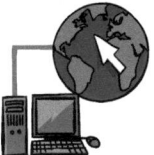

internet

internet

portátil

laptop

carta

pismo

mensaje

poruka

móvil

mobilni telefon

red

mreža

fotocopiadora

uređaj za kopiranje

software

softver

teléfono

telefon

toma de corriente

utičnica

fax

faks

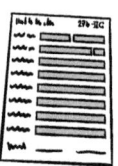

formulario

obrazac

documento

dokument

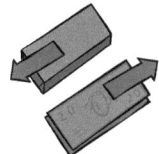

comprar
....
kupovati

pagar
....
platiti

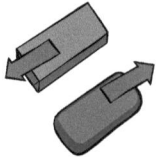

comerciar
....
trgovati

dinero
....
novac

dólar
....
dolar

euro
....
euro

yen
....
jen

rublo
....
rubalj

franco suizo
....
švicarski franak

renminbi yuan
....
renmindbi yuan

rupia
....
rupija

cajero automático
....
automat za novac

oficina de cambio de divisas
....
mjenjačnica

oro
....
zlato

plata
....
srebro

petróleo
....
nafta

energía
....
energija

precio
....
cijena

contrato
....
ugovor

impuesto
....
porez

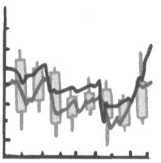

acción
....
dionica

trabajar
....
raditi

empleado
....
službenik

empleador
....
poslodavac

fábrica
....
tvornica

tienda
....
prodavaonica

economía - gospodarstvo

agente de policía
policajac

bombero
vatrogasac

cocinero
kuhar

médico
liječnik

piloto
pilot

jardinero
vrtlar

carpintero
stolar

costurera
krojačica

juez
sudija

farmacéutico
kemičar

actor
glumac

conductor de autobús

vozač autobusa

taxista

vozač taksija

pescador

ribar

señora de la limpieza

čistačica

techador

krovopokrivač

camarero

konobar

cazador

lovac

pintor

slikar

panadero

pekar

electricista

električar

obrero

građevinski radnik

ingeniero

inženjer

carnicero

mesar

fontanero

limar

cartero

poštar

soldado
vojnik

arquitecto
arhitekta

cajero
blagajnik

florista
cvjećar

peluquero
frizer

revisor
kondukter

mecánico
mehaničar

capitán
kapetan

dentista
zubar

científico
znanstvenik

rabino
rabi

imán
imam

monje
monah

sacerdote
svećenik

herramientas
alati

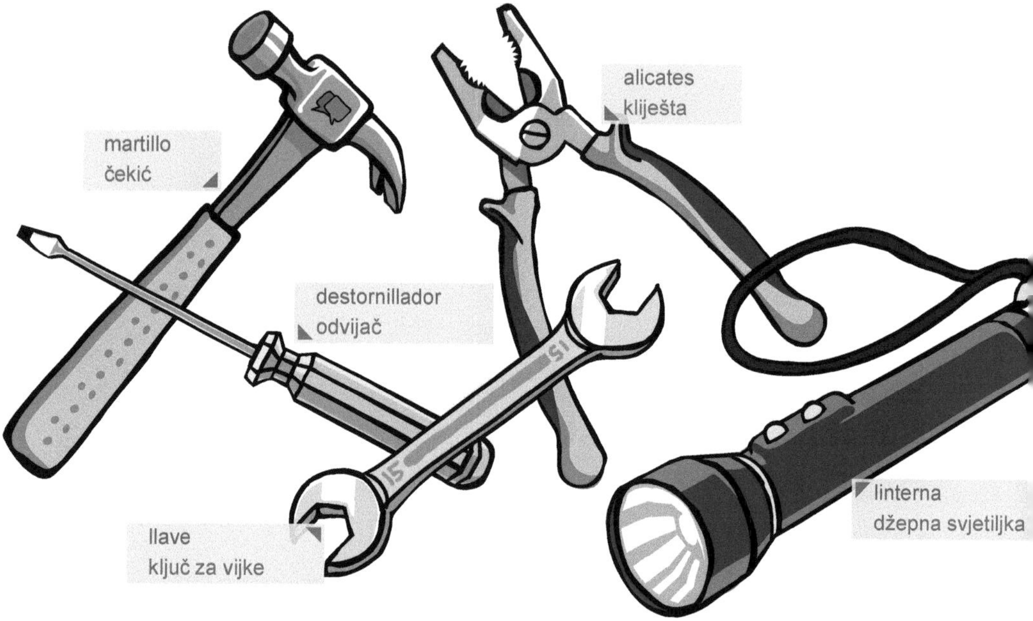
alicates
kliješta
martillo
čekić
destornillador
odvijač
llave
ključ za vijke
linterna
džepna svjetiljka

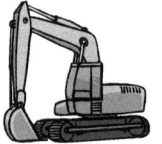

excavadora

rovokopač

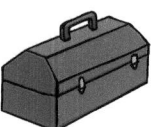

caja de herramientas

kutija za alat

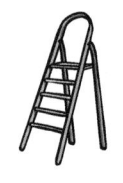

escalera de mano

ljestve

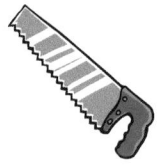

sierra

pila

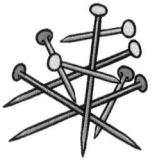

clavos

ekser

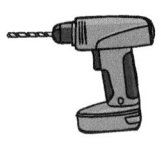

taladro

bušilica

reparar
popraviti

pala
lopata

¡Maldita sea!
Sranje!

recogedor
lopatica

bote de pintura
lonac za boju

tornillos
vijci

instrumentos musicales
glazbeni instrument

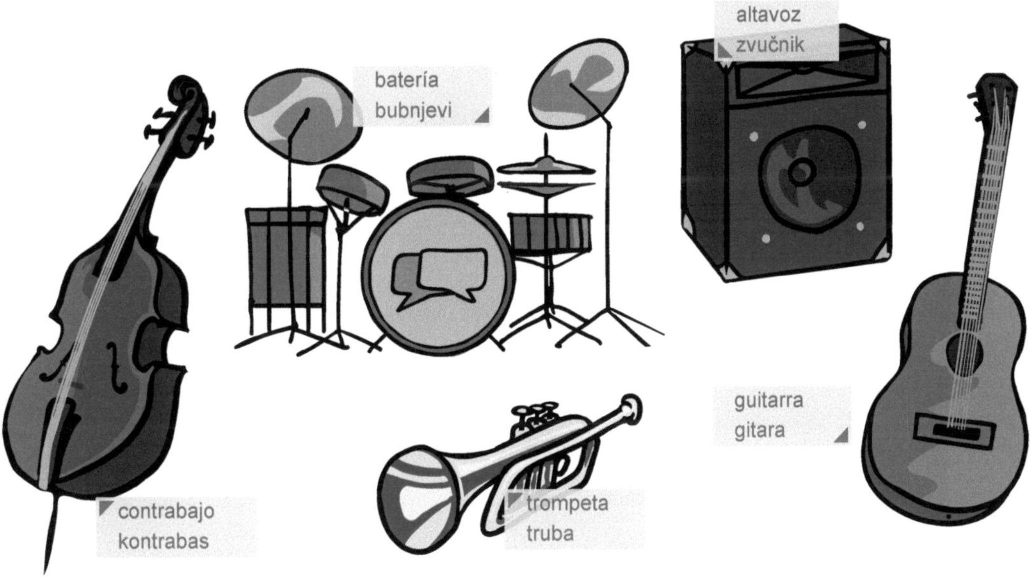

batería
bubnjevi

altavoz
zvučnik

guitarra
gitara

contrabajo
kontrabas

trompeta
truba

piano

klavir

violín

violina

bajo

bas

timbales

timpani

tambor

udaraljke za bubnjeve

teclado

keyboard

saxofón

saksofon

flauta

flauta

micrófono

mikrofon

zoo

zoološki vrt

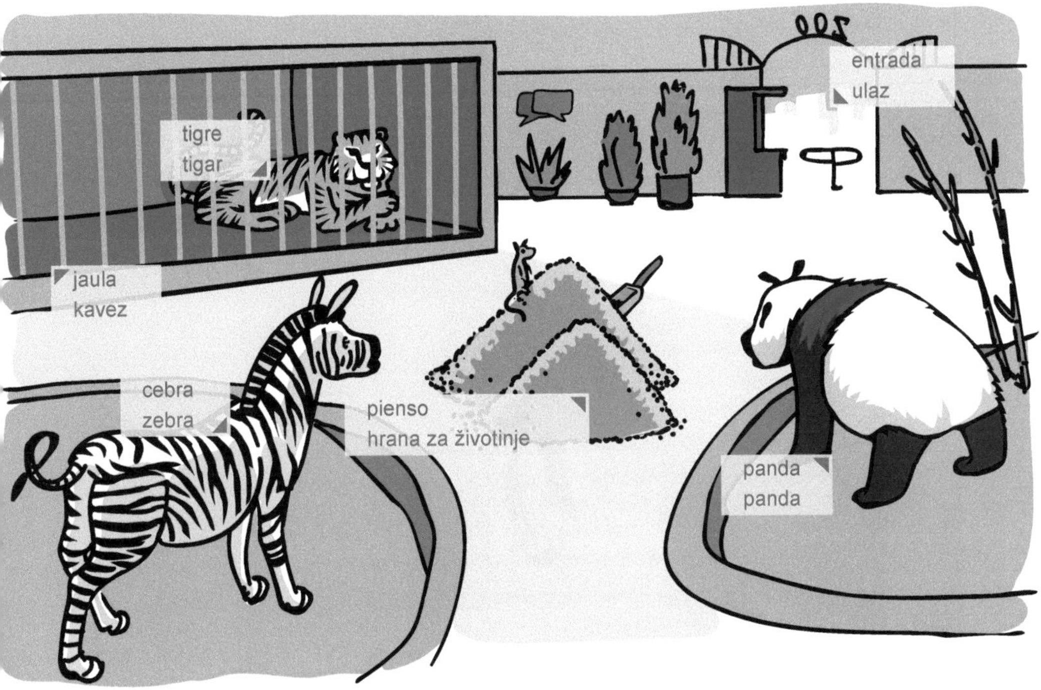

zoo
entrada
ulaz
tigre
tigar
jaula
kavez
cebra
zebra
pienso
hrana za životinje
panda
panda

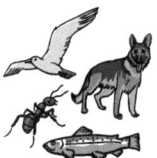

animales

životinje

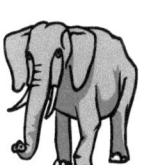

elefante

slon

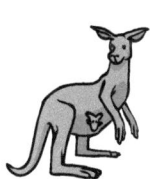

canguro

kengur

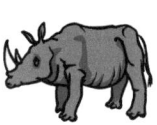

rinoceronte

nosorog

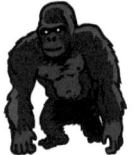

gorila

gorila

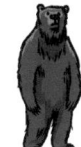

oso

medvjed

camello

kamila

avestruz

noj

león

lav

mono

majmun

flamingo

flamingo

loro

papagaj

oso polar

polarni medvjed

pingüino

pingvin

tiburón

ajkula

pavo real

paun

serpiente

zmija

cocodrilo

krokodil

guardián de zoológico

čuvar u zoološkom vrtu

foca

tuljan

jaguar

jaguar

poni
poni

leopardo
leopard

hipopótamo
nilski konj

jirafa
žirafa

águila
orao

jabalí
divlja svinja

pescado
riba

tortuga
kornjača

morsa
morž

zorro
lisica

gacela
gazela

fútbol americano
američki nogomet

ciclismo
biciklizam

tenis
tenis

baloncesto
košarka

natación
plivanje

boxeo
boks

hockey sobre hielo
hockey na ledu

fútbol
nogomet

bádminton
badminton

atletismo
atletika

balonmano
rukomet

esquí
skijanje

polo
polo

actividades
aktivnosti

reír
smijati se
saltar
skočiti
abrazar
zagrliti
caminar
ići
cantar
pjevati
soñar
sanjati
rezar
moliti se
besar
poljubiti

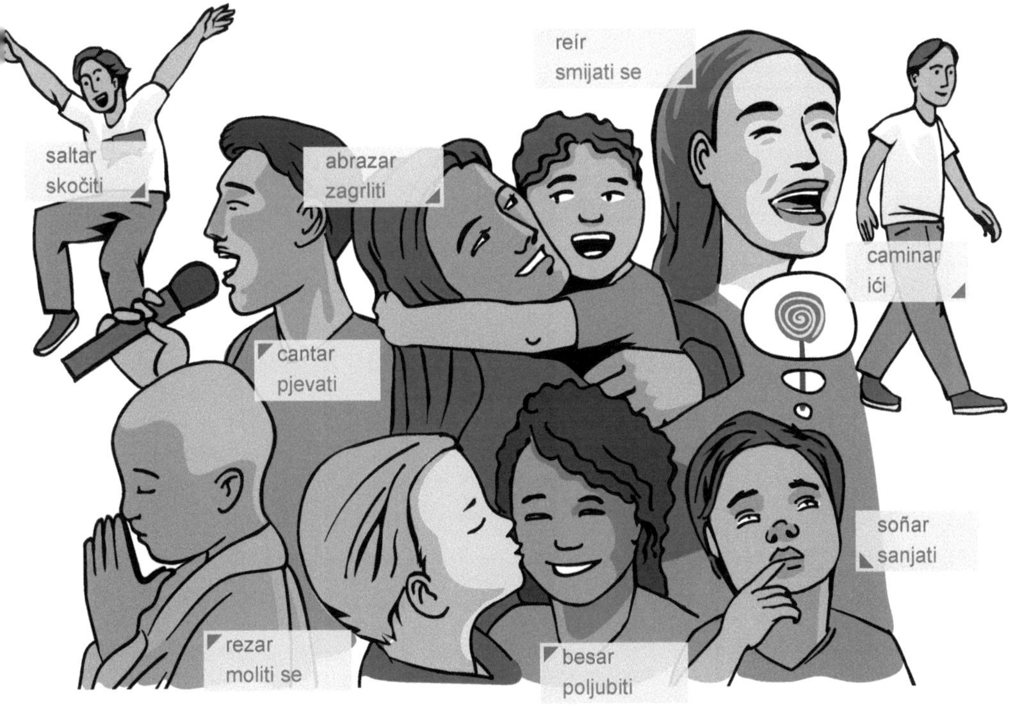

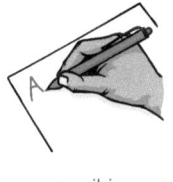

escribir

pisati

dibujar

crtati

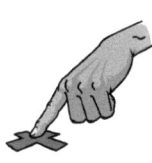

mostrar

pokazati

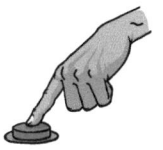

empujar

gurati

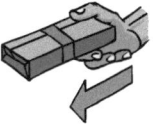

dar

dati

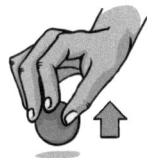

tomar

uzeti

tener

imati

hacer

činiti

ser

biti

estar de pie

stojati

correr

trčati

tirar

povlačiti

tirar

baciti

caer

padati

yacer

ležati

esperar

čekati

llevar

nositi

estar sentado

sjediti

vestirse

oblačiti

dormir

spavati

despertar

probuditi se

mirar

gledati

llorar

plakati

acariciar

milovati

peinar

češljati

hablar

govoriti

entender

razumjeti

preguntar

pitati

escuchar

slušati

beber

piti

comer

jesti

ordenar

pospremiti

amar

voljeti

cocinar

kuhati

conducir

voziti

volar

letjeti

actividades - aktivnosti

navegar

ploviti

calcular

računati

leer

čitati

aprender

učiti

trabajar

raditi

casarse

vjenčati se

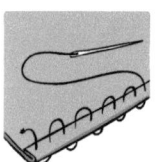

coser

šiti

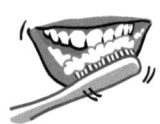

cepillarse los dientes

prati zube

matar

ubiti

fumar

pušiti

enviar

poslati

familia
obitelj

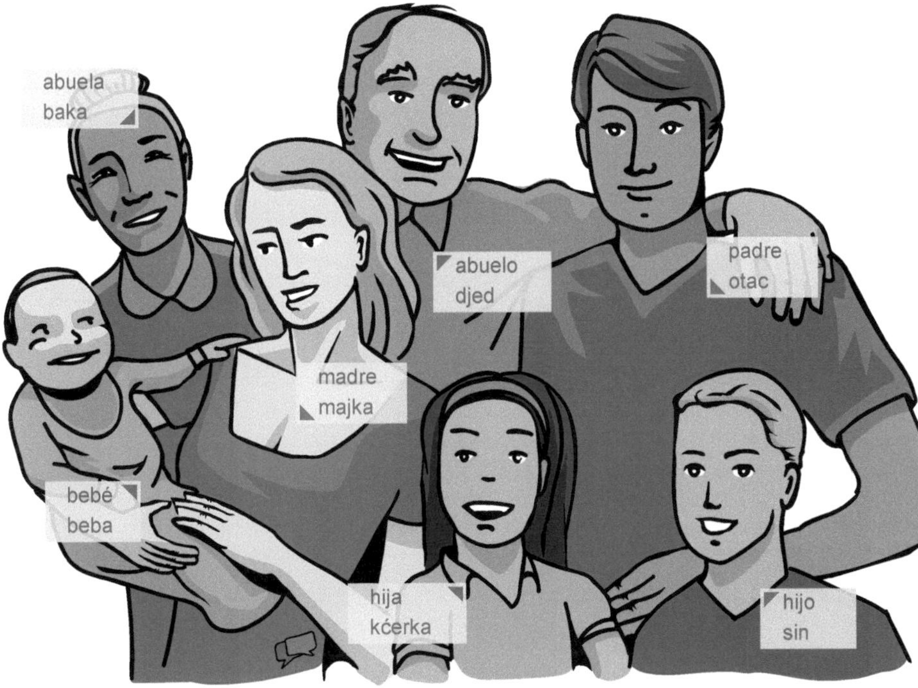
abuela
baka
abuelo
djed
padre
otac
madre
majka
bebé
beba
hija
kćerka
hijo
sin

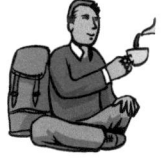

invitado

gost

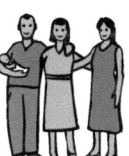

tía

tetka

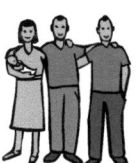

tío

ujak, stric

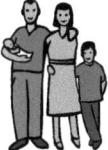

hermano

brat

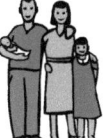

hermana

sestra

cuerpo
tijelo

frente
čelo
ojo
oko
hombro
rame
dedo
prst
cara
lice
barbilla
brada
mano
ruka
pecho
grudi
pierna
noga
brazo
ruka

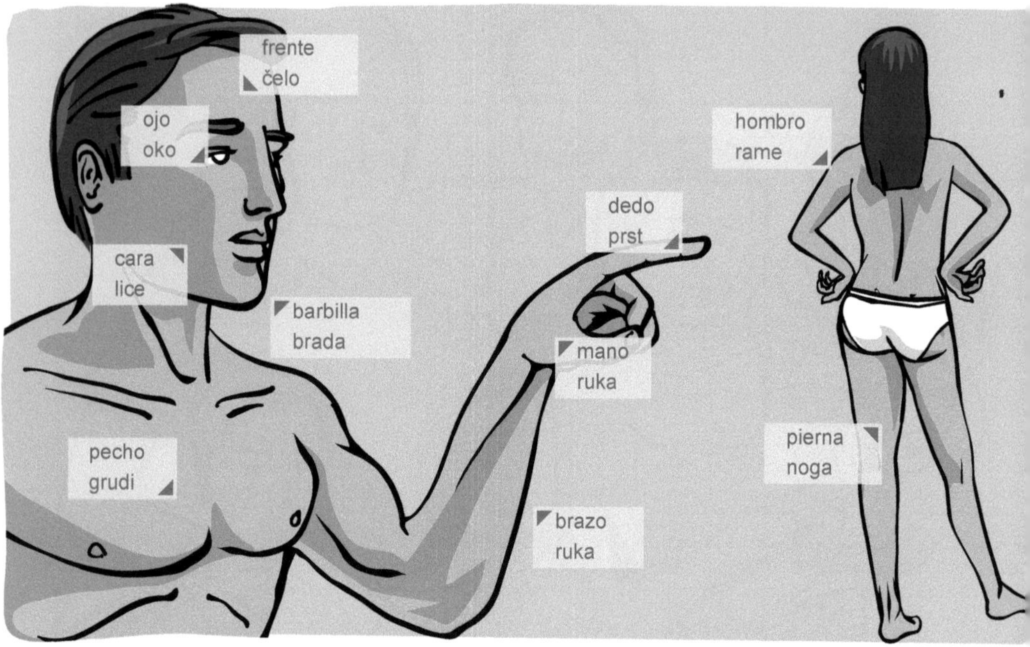

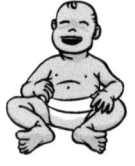

bebé
beba

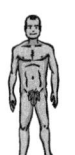

hombre
muškarac

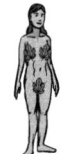

mujer
žena

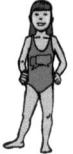

chica
djevojčica

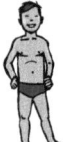

chico
dječak

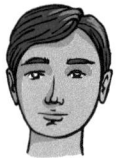

cabeza
glava

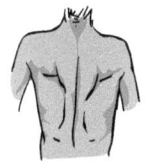

espalda
....
leđa

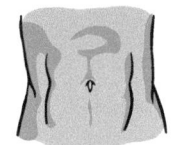

vientre
....
trbuh

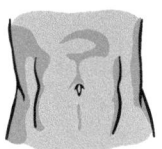

ombligo
....
pupak

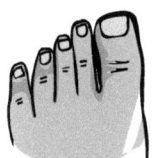

dedo del pie
....
nožni prst

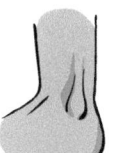

talón
....
peta

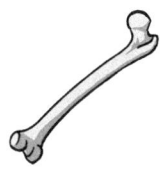

hueso
....
kost

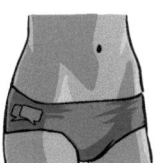

cadera
....
kuk

rodilla
....
koljeno

codo
....
lakat

nariz
....
nos

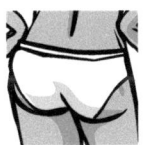

trasero
....
stražnjica

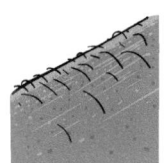

piel
....
koža

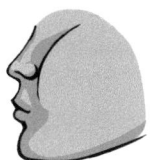

mejilla
....
obraz

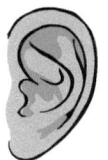

oído
....
uho

labio
....
usna

boca

usta

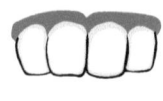

diente

zub

lengua

jezik

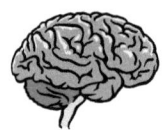

cerebro

mozak

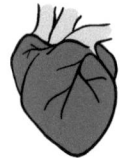

corazón

srce

músculo

mišić

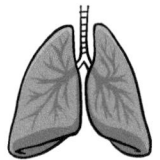

pulmón

pluća

hígado

jetra

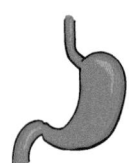

estómago

želudac

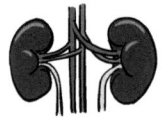

riñones

bubrezi

sexo

snošaj

condón

kondom

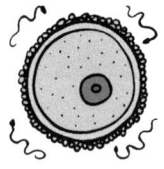

ovario

jajna stanica

semen

sperma

embarazo

trudnoća

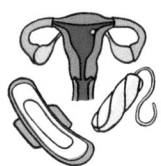

menstruación
menstruacija

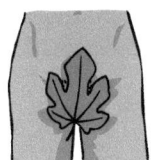

vagina
vagina

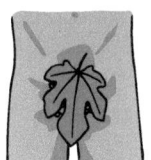

pene
penis

ceja
obrva

pelo
kosa

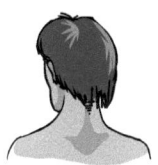

cuello
vrat

hospital
bolnica

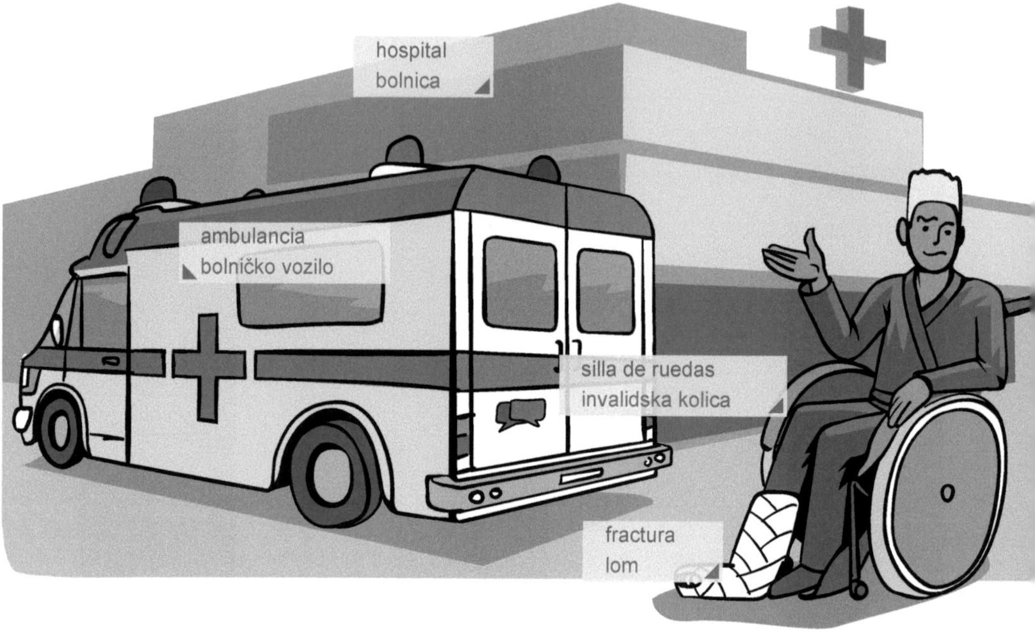

hospital
bolnica
ambulancia
bolníčko vozilo
silla de ruedas
invalidska kolica
fractura
lom

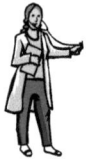

médico

lječnik

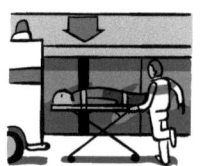

sala de urgencias

hitna medicinska služba

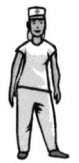

enfermera

medicinska sestra

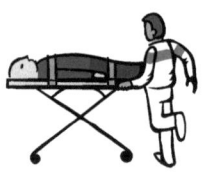

urgencia

hitni slučaj

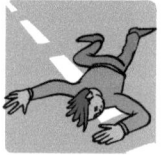

inconsciente

nesvijest

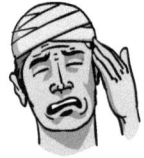

dolor

bol

lesión

ozljeda

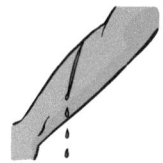

hemorragia

krvarenje

infarto

srćani infarkt

ictus

moždani udar

alergia

alergija

tos

kašalj

fiebre

groznica

gripe

gripa

diarrea

proljev

dolor de cabeza

glavobolja

cáncer

rak

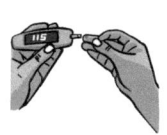

diabetes

dijabetes

cirujano

kirurg

bisturí

skalpel

operación

operacija

TAC
ct

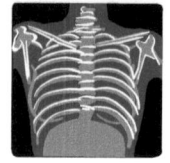

rayos x
rentgen

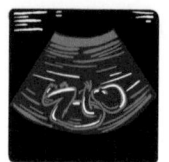

ultrasonido
ultrazvuk

mascarilla
maska

enfermedad
bolest

sala de espera
čekaonica

muleta
štaka

tirita
flaster

venda
zavoj

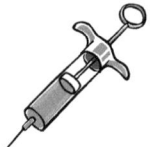

inyección
injekcija

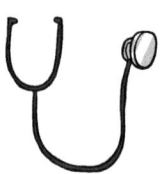

estetoscopio
stetoskop

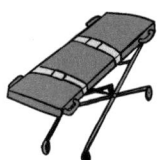

camilla
nosilo

termómetro
termometar

nacimiento
rođenje

sobrepeso
prekomjerna težina

audífono

slušni aparat

desinfectante

sredstvo za dezinfekciju

infección

infekcija

virus

virus

VIH / SIDA

hiv / sida

medicina

medicina

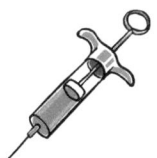

vacunación

vakcinacija

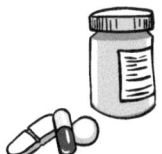

tabletas

tablete

pastilla

pilula

llamada de urgencia

poziv u pomoć

tensiómetro

uređaj za mjerenje tlaka

enfermo / sano

bolesno / zdravo

¡Socorro!

pomoć!

alarma

alarm

asalto

nasrtaj

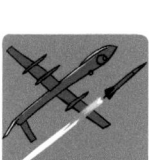

ataque

napad

peligro

opasnost

salida de emergencia

izlaz za nuždu

¡Fuego!

požar!

extintor de incendios

vatrogasni aparat

accidente

nezgoda

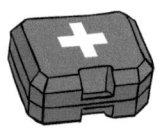

botiquín de primeros auxilios

kofer prve pomoći

SOS

sos

policía

policija

Europa

Europa

Norteamérica

sjeverna amerika

Sudamérica

južna amerika

África

Afrika

Asia

Azija

Australia

Australija

Atlántico

Atlantik

Pacífico

Pacifik

Océano Índico

ocean

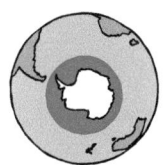

Océano Antártico

antarktički ocean

Océano Ártico

arktički ocean

polo norte

sjeverni pol

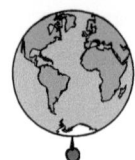

polo sur

južni pol

Antártida

Antarktik

tierra

zemlja

tierra

zemlja

mar

more

isla

otok

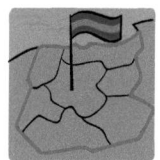

nación

nacija

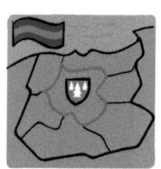

estado

država

esfera

brojčanik sata

manecilla de las horas

satna kazaljka

minutero

minutna kazaljka

segundero

sekundna kazaljka

¿Qué hora es?

Koliko je sati?

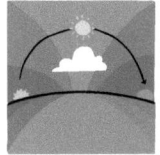

día

dan

tiempo

vrijeme

ahora

sada

reloj digital

digitalni sat

minuto

minuta

hora

sat

semana
tjedan

lunes
ponedjeljak

miércoles
srijeda

viernes
petak

martes
utorak

sábado
subota

jueves
četvrtak

domingo
nedjelja

ayer
jučer

hoy
danas

mañana
sutra

mañana
jutro

mediodía
podne

tarde
večer

días laborables
radni dani

fin de semana
vikend

año
godina

lluvia
kiša
arcoíris
duga
nieve
snijeg
viento
vjetar
primavera
proljeće
otoño
jesen
verano
ljeto
invierno
zima

4.APRIL 11°
5.APRIL 4°
6.APRIL 13°
7.APRIL 8°
8.APRIL 10°

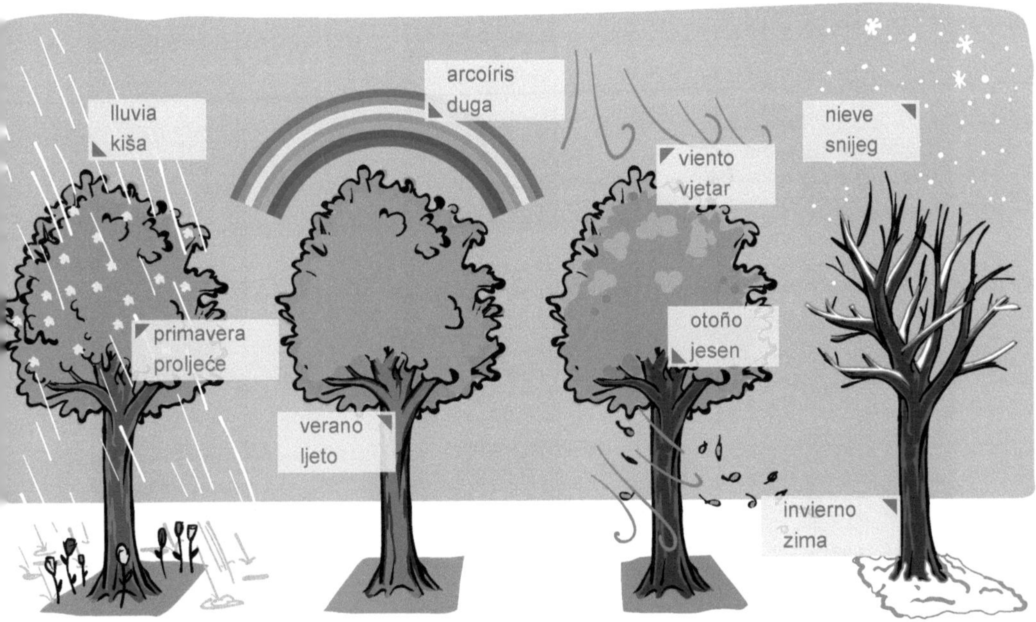

pronóstico del tiempo

meteorološka prognoza

F C
120 40
90 30
60 20
30 10
0 0
-30 -10
-20

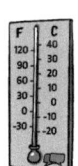

termómetro

termometar

sol

sunčana svjetlost

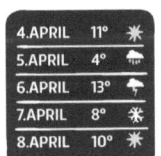

nube

oblak

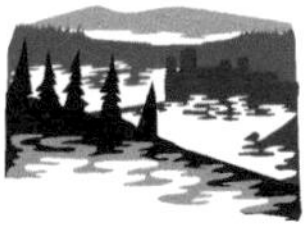

niebla

magla

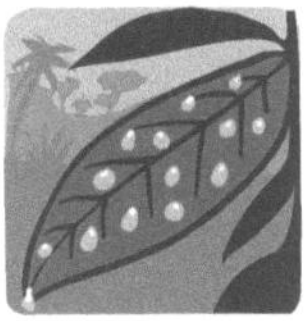

humedad

vlažnost zraka

rayo

munja

trueno

grmljavina

tormenta

oluja

granizo

tuča

monzón

monsun

inundación

poplava

hielo

led

enero

siječanj

febrero

veljača

marzo

ožujak

abril

travanj

mayo

svibanj

junio

lipanj

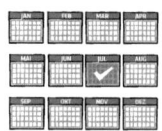

julio

srpanj

agosto

kolovoz

año - godina

septiembre
....
rujan

octubre
....
listopad

noviembre
....
studeni

diciembre
....
prosinac

formas
oblici

círculo
....
krug

cuadrado
....
kvadrat

rectángulo
....
pravokutnik

triángulo
....
trokut

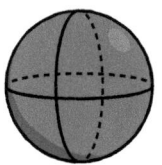

esfera
....
kugla

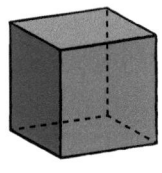

cubo
....
kocka

blanco
....
bijela

amarillo
....
žuta

anaranjado
....
narančasta

rosa
....
ružičasta

rojo
....
crvena

morado
....
ljubičasta

azul
....
plava

verde
....
zelena

marrón
....
smeđa

gris
....
siva

negro
....
crna

mucho / poco

mnogo / malo

enojado / tranquilo

ljutito / mirno

bonito / feo

lijepo / ružno

principio / fin

početak / kraj

grande / pequeño

veliko / maleno

claro / oscuro

svijetlo / tamno

hermano / hermana

brat / sestra

limpio / sucio

čisto / prljavo

completo / incompleto

potpuno / nepotpuno

día / noche

dan / noć

muerto / vivo

mrtvo / živo

ancho / estrecho

široko / usko

comestible / no comestible

jestivo / nejestivo

malo / amable

zlo / dobro

entusiasmado / aburrido

uzbuđeno / dosadno

gordo / delgado

debelo / mršavo

primero / último

na početku / na kraju

amigo / enemigo

prijatelj / neprijatelj

lleno / vacío

puno / prazno

duro / blando

tvrdo / mekano

pesado / ligero

teško / lagano

hambre / sed

glad / žeđ

enfermo / sano

bolesno / zdravo

ilegal / legal

ilegalno / legalno

inteligente / tonto

pametno / glupo

izquierda / derecha

lijevo / desno

cerca / lejos

blizu / daleko

nuevo / usado

novo / rabljeno

nada / algo

ništa / nešto

viejo / joven

staro / mlado

encendido / apagado

uključeno / isključeno

abierto / cerrado

otvoreno / zatvoreno

silencioso / ruidoso

tiho / glasno

rico / pobre

bogato / siromašno

correcto / incorrecto

točno / pogrešno

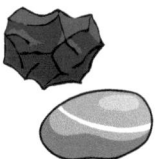

áspero / suave

hrapavo / glatko

triste / contento

tužno / sretno

corto / largo

kratko / dugo

lento / rápido

polako / brzo

húmedo / seco

mokro / suho

cálido / frío

toplo / hladno

guerra / paz

rat / mir

0

cero

nula

1

uno

jedan

2

dos

dva

3

tres

tri

4

cuatro

četiri

5

cinco

pet

6

seis

šest

7

siete

sedam

8

ocho

osam

9

nueve

devet

10

diez

deset

11

once

jedanaest

12

doce
dvanaest

13

trece
trinaest

14

catorce
četrnaest

15

quince
petnaest

16

dieciséis
šestnaest

17

diecisiete
sedamnaest

18

dieciocho
osamnaest

19

diecinueve
devetnaest

20

veinte
dvadeset

100

cien
stotinu

1.000

mil
tisuću

1.000.000

millón
milijun

números - brojevi

inglés

engleski

inglés americano

američko engleski

chino mandarín

kinesko mandarinski

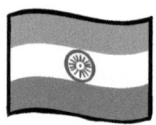

hindi

hindi

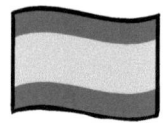

español

španjolski

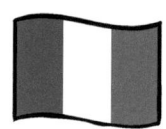

francés

francuski

árabe

arapski

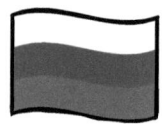

ruso

ruski

portugués

portugalski

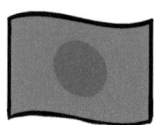

bengalí

bengalski

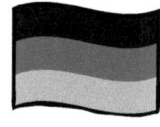

alemán

njemački

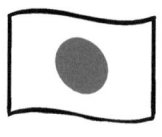

japonés

japanski

yo

ja

tú

ti

él / ella / ello

on / ona / ono

nosotros/as

mi

vosotros/as

vi

ellos/as

oni

¿quién?

tko?

¿qué?

što?

¿cómo?

kako?

¿dónde?

gdje?

¿cuándo?

kada?

nombre

ime

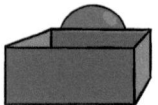

detrás

iza

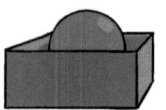

en

u

delante de

ispred

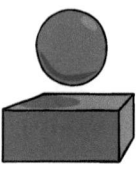

por encima de

preko

sobre

na

debajo de

ispod

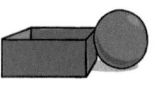

junto a

pored

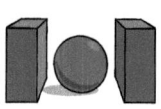

entre

između

lugar

mjesto